Mosaico

Trouver son style

Français

SYLVIE BAYLISS

Copyright © 2022 Sylvie Bayliss

All rights reserved.

INTRODUCTION

Vous cherchez un style de mosaïque bien précis pour un nouveau projet, pour l'achat d'une création ou tout simplement pour approfondir vos connaissances sur l'art de la mosaïque?

Pour simplifier votre tâche, j'ai regroupé dans ce livre, plusieurs styles de mosaïque, suivant leur époque, leur exécution, leur rôle.
Je me réjouis à l'idée que ce recueil, petit voyage à travers les siècles, vous prêtera main forte.

Table des matières

Trouver un style — p 1
Petite discussion avec l'auteur — p 2
Style Grec — p 5
Style Romain — p 6
Style Byzantin — p 7
Style Florentin — p 8
Style Modern — p 9
Style Contemporain — p 10
Mosaïques de style contemporain — p 11
Picassiette, céramique — p 12
Pierre de gué, mandala — p 13
Autres modèles de Mosaïques — p 14
    Mosaïques romaines et byzantines — p 14
    Matériau contemporain — p 15
Qu'est-ce que? — p 16
    La méthode indirecte — p 16
    La méthode indirecte double — p 17
    Micro-mosaïque — p 18
    Photomosaïque — p 18
Epilogue — p 19

Trouver un style,
Son style, est-ce important?

Un style est très personnel. Le style ne vient pas d'une raison mais d'un sentiment.

C'est une histoire intime entre vous et votre travail, entre vous et cette œuvre que vous recherchez, entre vous et cet art qui vous fascine.

Certains disent:

"Un style, votre style, vous permettra d'évoluer dans l'aisance et le plaisir. Une fois votre style acquis, on vous remarquera, on vous reconnaîtra, on vous distinguera."

« Votre style, Votre identité »

Petite discussion avec l'auteur

Qui a écrit ce livre?

C'est moi! Sylvie Bayliss

Qui êtes-vous?

Je suis une artiste mosaïste qui crée de la mosaïque depuis 30 ans. J'ai enseigné l'art de la mosaïque pendant 6 ans. La mosaïque et son histoire, passée comme présente, est pour moi une véritable passion.

De quoi parle ce livre ?

Il s'agit de trouver et de comprendre son style. Au cours de mon enseignement, je me suis rendue compte que la plupart de mes élèves, très rapidement, s'appropriaient un style, sans même s'en rendre compte. Pour certains c'était la micro-mosaïque, pour d'autres c'était le choix unique de la méthode antique, et pour d'autres encore, leur bonheur se trouvait dans la seule création des portraits.

J'avais aussi remarqué qu'un style était cohérent avec les civilisations, avec les modes ou les moyens de l'époque, qu'un style avait le pouvoir de différencier les idées, les classes, les races etc...

Suivre l'art de la mosaïque, à travers les siècles, est une histoire non seulement captivante mais aussi remplie d'indices pour ceux qui cherchent à comprendre leur style. Voilà pourquoi j'ai décidé d'écrire ce livre.

Style Grec

Période:
　　IVème siècle avant J.C.

Matériau:
　　Galets uniformes non taillés de 1, 3 ou 5 cm de diamètre.

Fonction:
　　Tapis de sol.

Portail artisanal:
　　Motifs géométriques ou motifs figurés, animaux, sujets mythologiques.

Voir : Musée archéologique de Pella
　　　　Macédoine (Grèce)

Style Romain

Période :

Influencée par la mosaïque Grecque, ce n'est qu'au 1er siècle avant J.C. que la mosaïque Romaine retiendra son style bien distinct.

Matériaux :

Petites pierres carrées d'1cm de diamètre, pâte de verre, marbre, brique.

Fonction :

Revêtement de sol et parfois revêtement mural.

Portail artisanal :

Scènes mythologiques ou de vie quotidienne,

Personnages réels ou imaginaires entourés des frises géométriques.

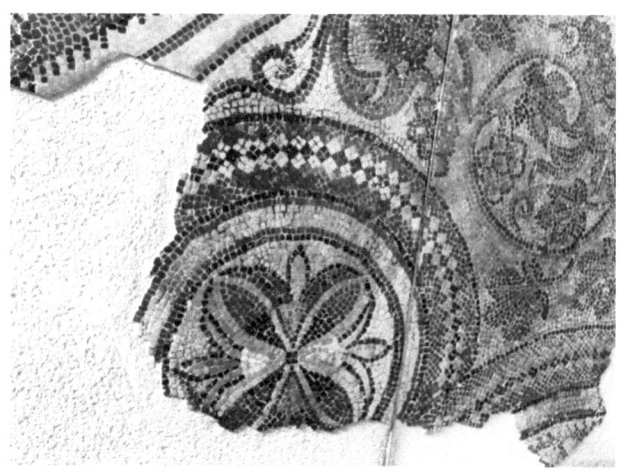

Mosaïque Romaine
Nérac (France)

Style Byzantin

Période :
Entre le IVème et le VIIème siècle après J.C.

Matériaux :
Smalts* vénitiens et tesselles* d'or.

Fonction :
Revêtement mural. Décoration des premières églises paléochrétiennes.

Portail artisanal :
Iconographies religieuses souvent entourées de frises d'or.
Scènes religieuses ou politiques, animaux.

Empereur Justinien 1er (VIème siècle)

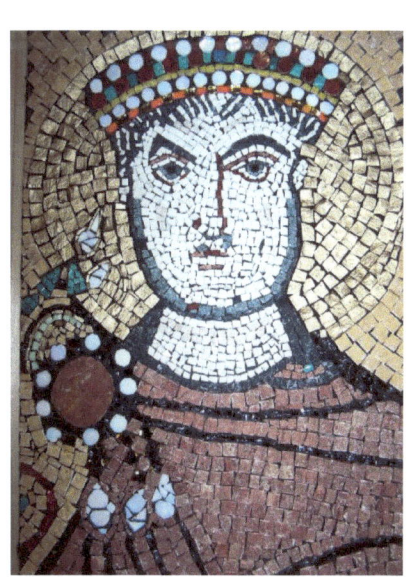

*Smalt/smalti : petits rectangles de verre opaque d'environ 1cm.

*Tesselles : petits morceaux de marbre, de pierre, de pâte de verre ou de céramique, coupés selon la taille désirée.

Style Florentin

Période:

XVIème siècle.

Matériaux:

« Commesso Fiorentino »

Assemblage de pierres dures ou semi-précieuses comme les Silices, le lapi-lazuli (Perse), jaspes (Bohème), le marbre, la malachite ainsi que du bois pétrifié (Sibérie).

Fonction:

Mosaïques réalisées sur des meubles ou objets ou encore sur de larges reproductions de peintures.

Portail artisanal:

Fleurs, scènes religieuses, personnages politiques ou religieux.

Voir: Office de la pierre dure, Florence (Italie)

Style Moderne

Période:

XIXème et XXème siècle.

Matériau:

Faïence vernissée.

Fonction:

Revêtement mural, tableaux en mosaïque.

Portail artisanal:

Futurisme, Cubisme, Classicisme.

Fresques, personnages religieux, scènes courantes.

Gino Severini - surnommé "le père de la Mosaïque Moderne".

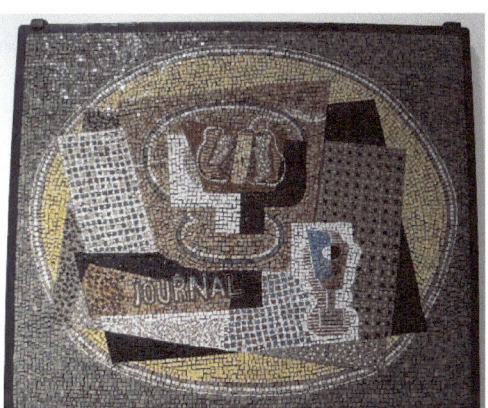

«Compotier» Gino Severini 1949

Photo par Sailko - Licence CCA 3.0 U

https://commons.m.wikimedia.org/wiki/User:Sailko

Style Contemporain

Période:

Après la seconde guerre mondiale, à Ravenna, naît la mosaïque contemporaine.

Matériaux:

En plus des matériaux déjà utilisés au cours des siècles passés, les mosaïstes utilisent les émaux de Briare, le Grés cérame, la pâte de verre (Bisazza), les smalts comme le vénitien (Orsoni), le verre à vitrail, l'albâtre, millefiori, cabochon.

Fonction:

Design d'intérieur, reproductions d'œuvres d'art, panneaux publicitaires etc.

Portail artisanal:

Portraits de personnes célèbres ou non, d'animaux, de paysages, styles variés, maintes reproductions etc. La période contemporaine est la redécouverte de l'art de la mosaïque. Cet enthousiasme nouveau suscite l'ouverture d'ateliers, d'écoles de mosaïque, de webinaires, d'expositions… et ce, à l'échelle mondiale.

Mosaïques de style contemporain:

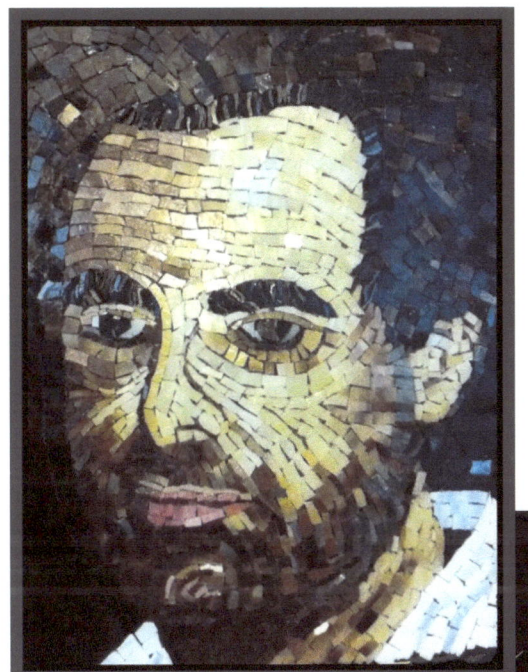

Verre à vitrail

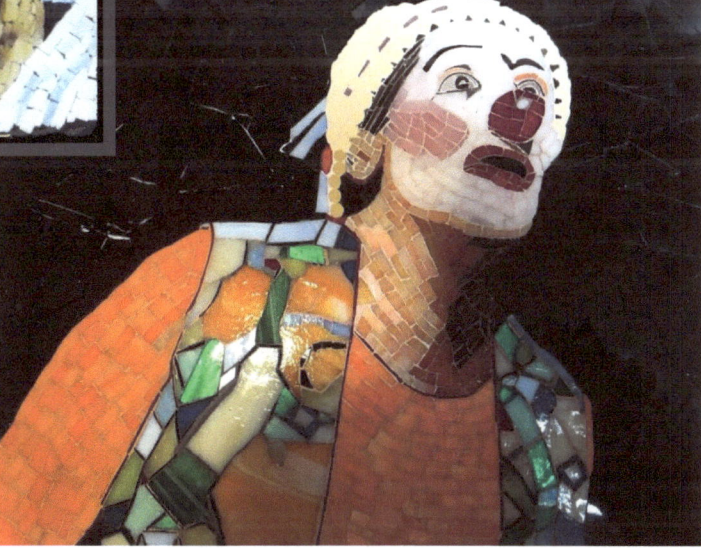

Picassiette :

Morceaux de carrelage, d'assiettes ou de faïence brisés

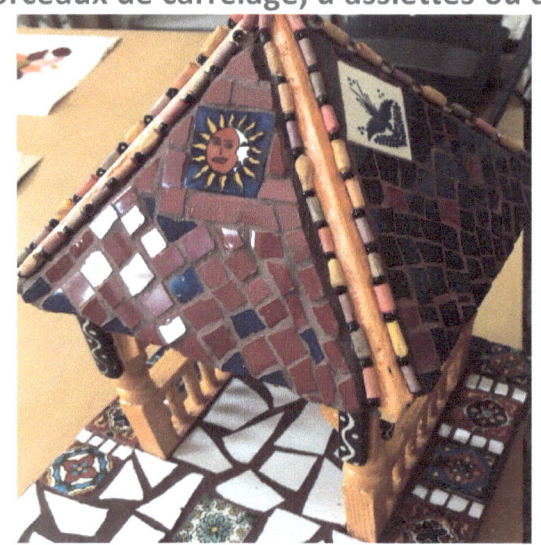

Céramique: Table

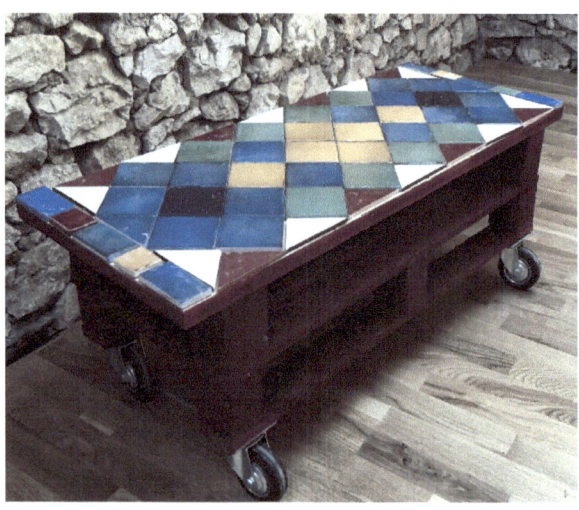

Pierre de gué (Dalle de jardin)

Ardoise et verre

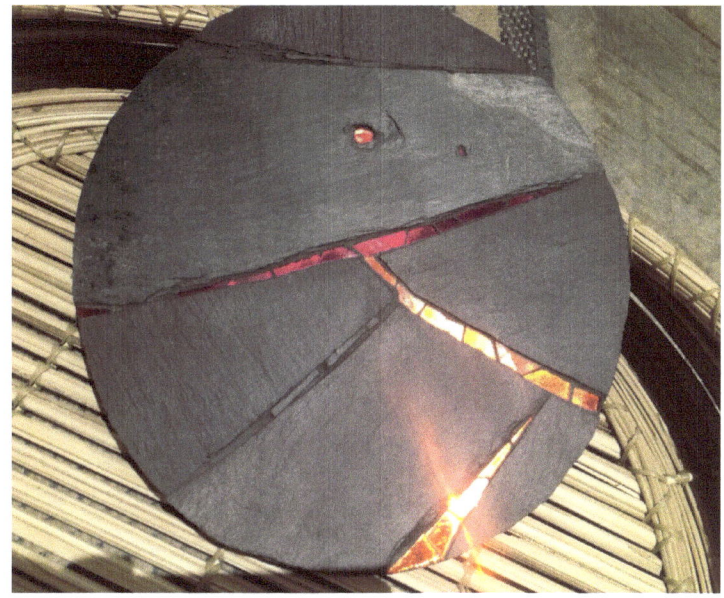

Mandala
Miroir et vitrail sur mortier blanc

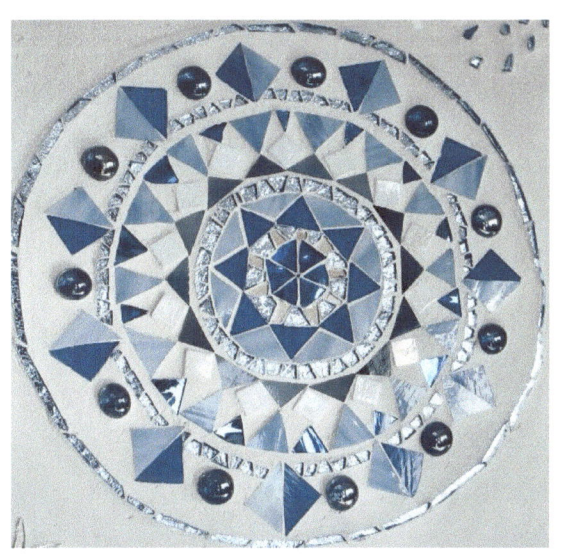

Autres modèles de Mosaïques

Romain

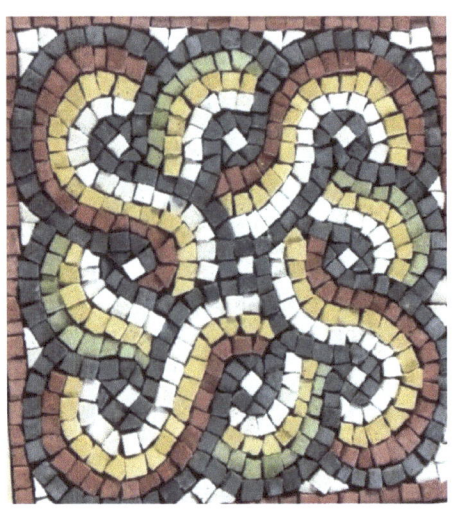

Byzantin

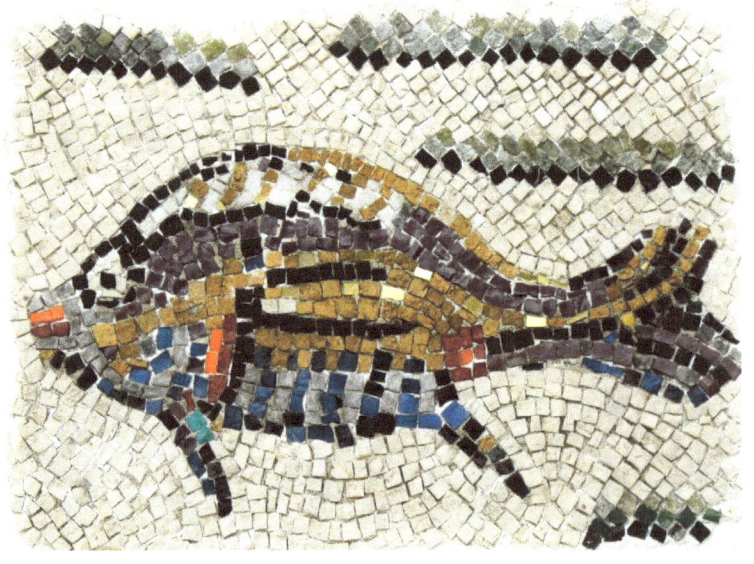

Matériau contemporain

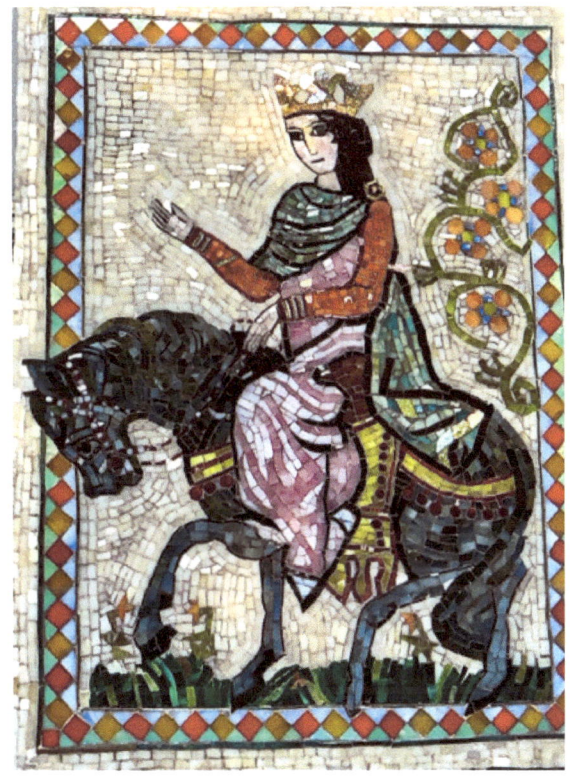

Verre à vitrail

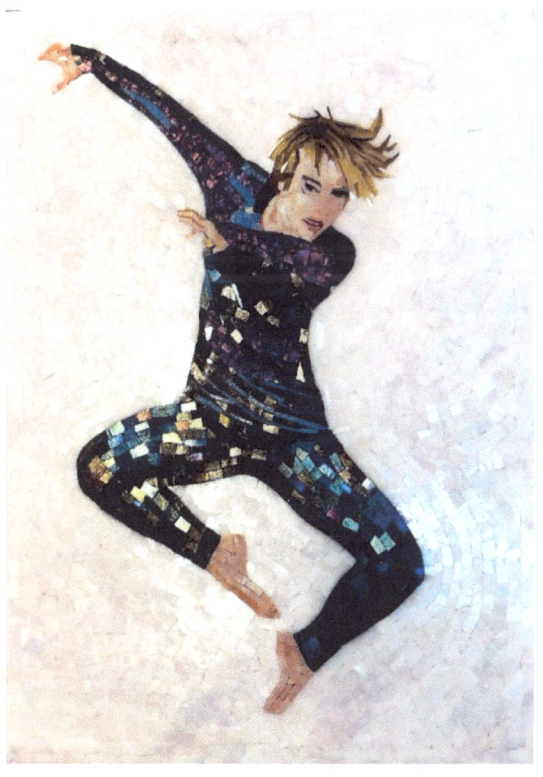

Qu'est-ce que?

La méthode Directe (Classique)

Pose directe des tesselles sur le support.

Giandomenico Facchina (1826 -1903) a mis au point une importante innovation technique: la pose par inversion -ou méthode indirecte-.

La méthode indirecte

Pose des tesselles à l'envers sur papier, suivi d'un transfert dans du mortier et du décollage du papier.

La méthode indirecte double

Pose provisoire des tesselles sur un lit d'argile souple. Une fois la mosaïque terminée, un tissu est collé à la surface. La mosaïque est alors retirée du lit d'argile pour être placée dans son support préalablement enduit d'une couche de mortier. Et pour terminer, le tissu est décollé pour révéler la mosaïque.

Cette méthode laisse le temps de modifier ou de rectifier toute erreur, l'argile restant souple pour plusieurs mois.

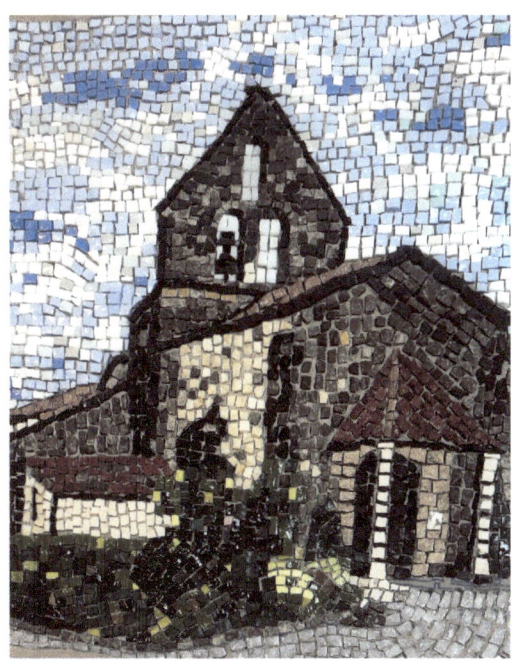

Marbre et verre:
Méthode indirecte double

La Micro-mosaïque

La méthode de la micro-mosaïque est d'utiliser de minuscules fragments de verre, d'émail ou de pierres pour réaliser un paysage ou des thèmes sur les animaux, les fleurs etc. Pratiquée surtout pour les bijoux mais aussi pour recouvrir les boîtes, les étuis ou encore les objets d'art métalliques.

La Photomosaïque

La photomosaïque est une photo constituée d'une multitude d'images.

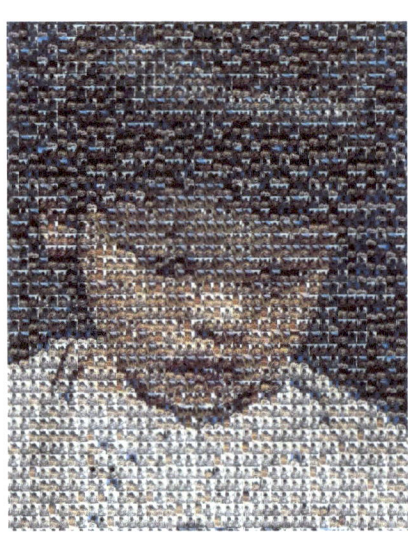 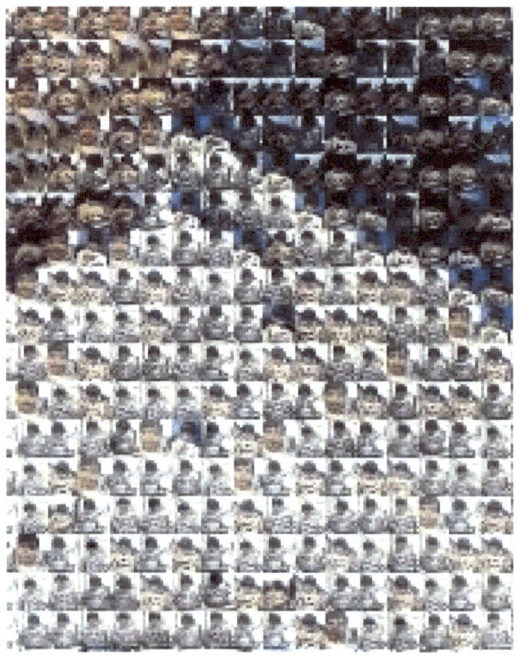

Epilogue

La mosaïque est magique.

La mosaïque est aussi pleine de surprises et oh! tellement judicieuse!

Explorez-la, appréciez-la et elle vous guidera, en catimini,

vers votre propre style…

S. Bayliss

www.sylviebayliss.com

Sylvie@sylviebayliss.com

Mosaico
Sylvie Bayliss

Livre bilingue
Français-anglais

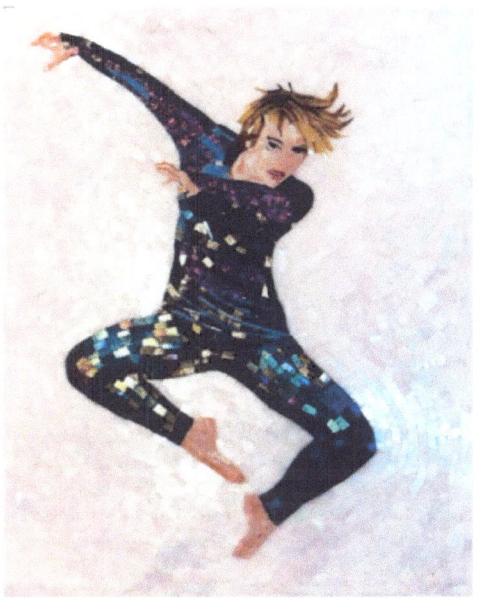
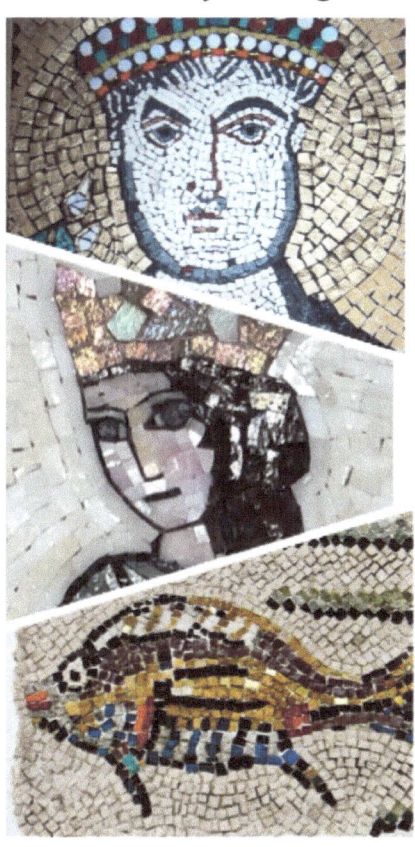

Trouver son style
Finding your own style

Bilingual book
French-English

ENGLISH VERSION

Mosaico
Finding your own style

English

SYLVIE BAYLISS

Copyright © 2022 Sylvie Bayliss

All rights reserved.

Introduction

Are you looking for a specific style for a new project or a new creation or just to deepen your knowledge about the art of mosaics?

To simplify this task, I have gathered in this book several styles of mosaic, according to the period in which they were created, their execution and their role.

I am excited to show you the multiple facets of mosaic art through this small journey, through the centuries and perhaps help you find your personal style.

Table of contents:

Finding a style	p 1
A chat with the author	p 3
Greco style	p 5
Roman style	P 6
Byzantine style	p 7
Florentine style	p 8
Modern style	p 9
Contemporary style	p 10
Mosaic of contemporary styles	p 11
Picassiette and ceramic	p 12
Steppingstone and mandala	p 13
Other mosaic examples:	p 14
Roman and Byzantine mosaic	p 14
More contemporary material	p 15
What is?	p 16
The direct and indirect methods	p 16
The double-reverse method	p 17
Micro-mosaic	p 18
Photomosaic	p 18
Epilogue	p 19

Finding a style
your own style, is it important?

Style is very personal. It does not come from reason but rather from a feeling.

It is an intimate adventure between you and your work, between you and the masterpiece you are looking for, and between you and the art that fascinates you.

Some would say:

'A style, your style, might allow you to evolve with ease and pleasure. And once you have acquired your own style, you will be noticed, you will be recognised, and you will stand out.'

« **Your style, Your identity** »

A chat with the author

Who wrote this book?

Me, Sylvie Bayliss!

Who are you?

I am a leisurely retired mosaic artist. I have been making mosaics on and off for 30 years. I have also taught mosaic making for six years. Mosaics and its history, past and present, is a real passion of mine.

What is the book about?

It's about finding and understanding your style. During my teaching, I realised that most of my students acquired their own style very quickly, without even realising it. Some will always lean towards micro-mosaic. For others, it was the sole choice of the antique method, and for others still, their happiness lay in the creation of portraits alone.

But I went further. I also noticed that style coheres with civilizations, with the trends or means of the time, differentiating ideas, classes, races, and others. Following mosaic art through the centuries is a captivating story full of clues which, in turn, will help you identify your own style. That is why I have decided to write this book.

Greco style

Period:

4th century BC.

Material:

Uniform uncut pebbles of 1, 3 or 5 cm in diameter.

Function:

Floor.

Characteristics:

Geometric patterns or figurative motifs (animals, mythological subjects).

Check out: Pella Archaeological Museum,

Macedonia (Greece)

Roman style

Period:

It was not until the 1st century BC that Roman mosaics retained their distinct style, influenced by Greek mosaics.

Material:

Small square stones, 1 cm in diameter, glass paste, marble, brick.

Function:

Flooring and sometimes wall covering.

Characteristics:

Mythological or everyday life scenes, real or imaginary characters surrounded by geometric friezes.

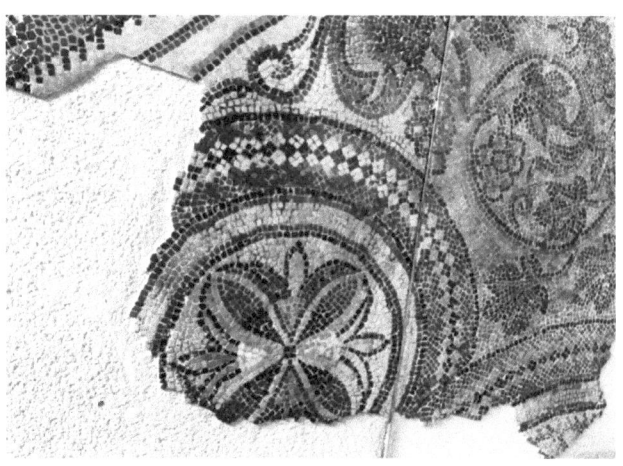

Roman Mosaic

Nérac France

Byzantine style

Period:

Between 4th and 7th century AD.

Material:

Venetian smalti*, gold tesserae* and stones.

Function:

Wall covering, and decoration for the first early Christian churches.

Characteristics:

Religious iconography often surrounded by gold friezes, religious or political scenes, and animals.

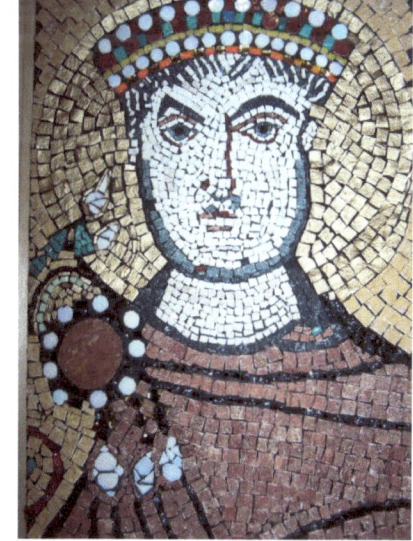

Emperor Justinian I
(6th century)

***Smalti**: Half-inch opaque and rectangular pieces of glass.

***Tesseral, Tesserae(pl)**: Small pieces of marble, stone, glass, or ceramics, cut into the desired shape.

Florentine style

Period:

16th century.

Material:

'Commesso Fiorentino'

Assembly of hard or semiprecious stones such as silicas or lapis lazuli (Persia), jasper (Bohemia), marble, malachite, and fossilised wood (Siberia).

Function:

Mosaics on furniture, objects, or large painting reproductions.

Characteristics:

Flowers, religious scenes, political or religious figures.

Check out: Office of the Hard Stone - Florence, Italy

Modern style

Period:

19th and 20th centuries.

Material:

Glazed earthenware.

Function:

Wall covering, mosaic paintings.

Characteristics:

Futurism, Cubism, Classicism; frescoes, religious figures, everyday scenes.

Gino Severini (nicknamed 'the father of modern mosaic').

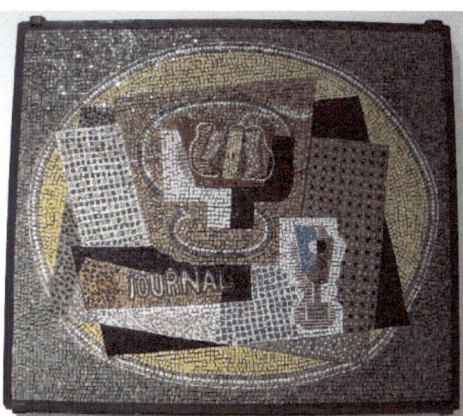

« Fruit bowl » Gino Severini, 1949

Photo by Sailko - Licence CCA 3.0 U https://commons.m.wikimedia.org/wiki/User:Sailko

Contemporary style

Period:

Contemporary mosaic was born in Ravenna, Italy, after World War II.

Material:

In addition to the materials already used in the past, mosaicists nowadays use all types of materials such as Briare enamels, porcelain stoneware, glass paste (Bisazza), Venetian smalti (Orsoni), stained glass, alabaster, Millefiori and Cabochon.

Function:

Interior design, art reproductions, advertising signs.

Characteristics:

Portraits of people, famous or not; animals; landscapes of various styles; many reproductions.

The contemporary period is characterised by the rediscovery of the art of mosaic. This new enthusiasm led to the opening of mosaic workshops, schools, webinars, and exhibitions all over the world.

Mosaics of contemporary style

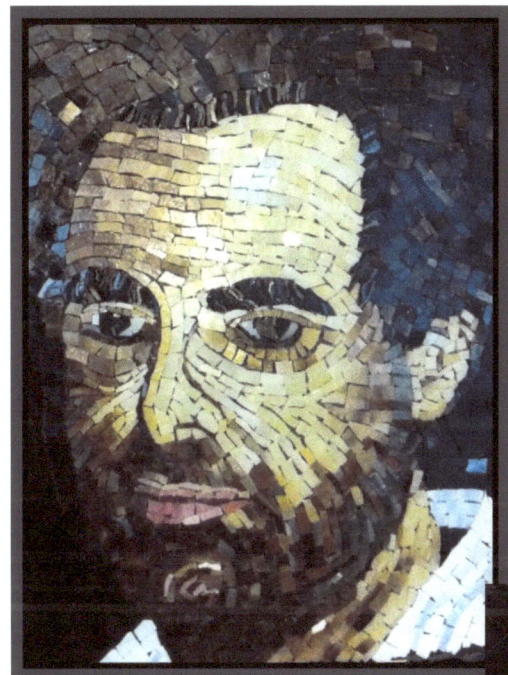

Stained glass

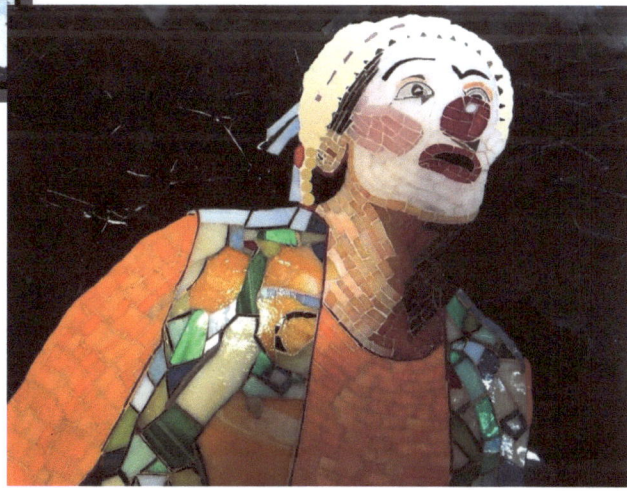

Picassiette

Mosaics made from broken tiles, ceramics, earthenware.

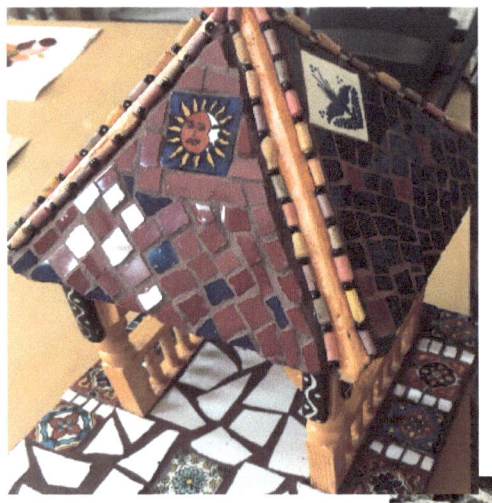

Table: Ceramics

Stepping stone

Slate and glass

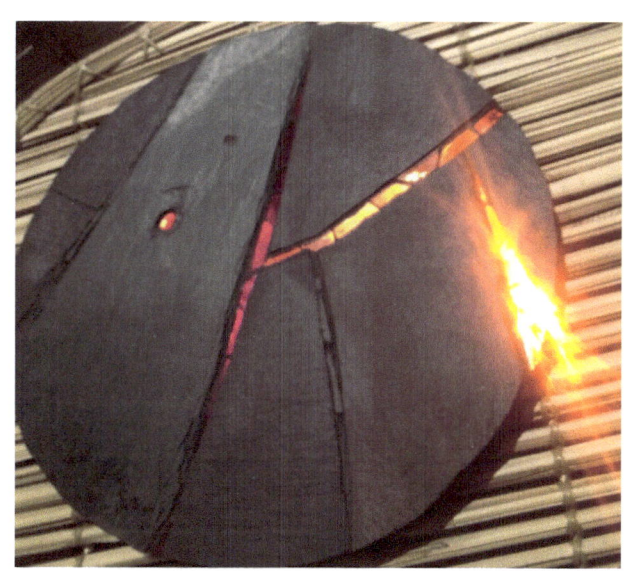

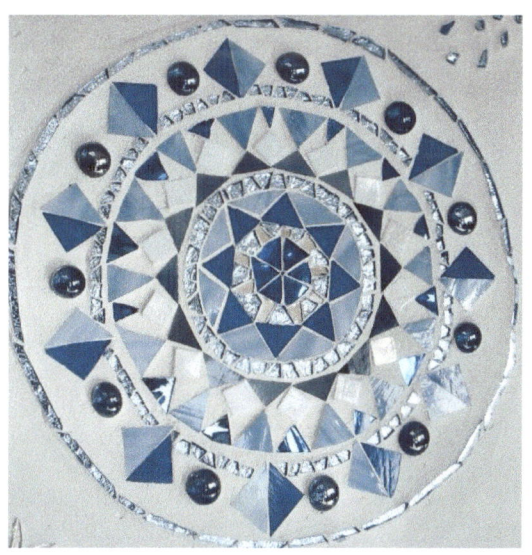

Mandala

Mirror and stained glass on white mortar:

Other mosaic examples

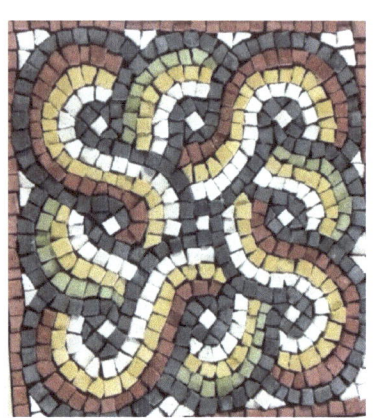

Romain - stone

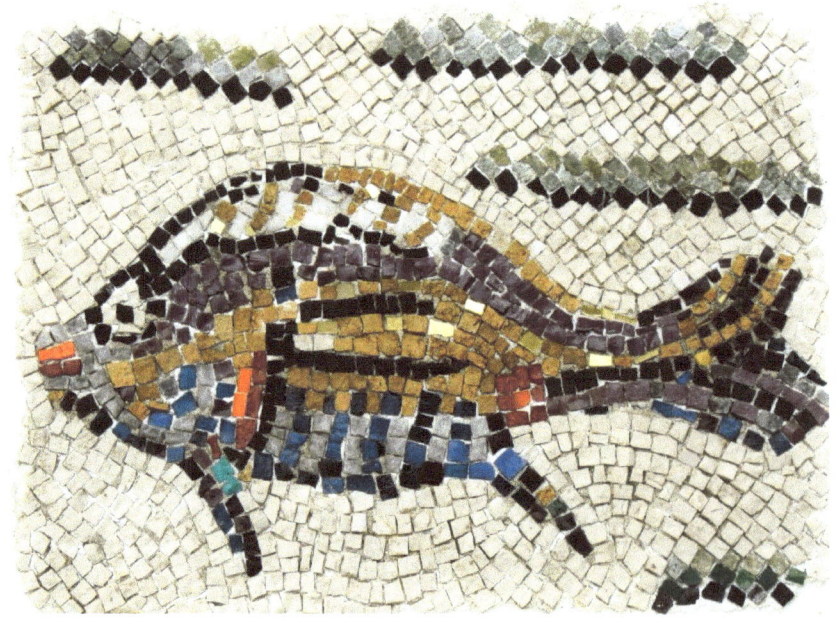

Byzantine – stone and glass

More contemporary material

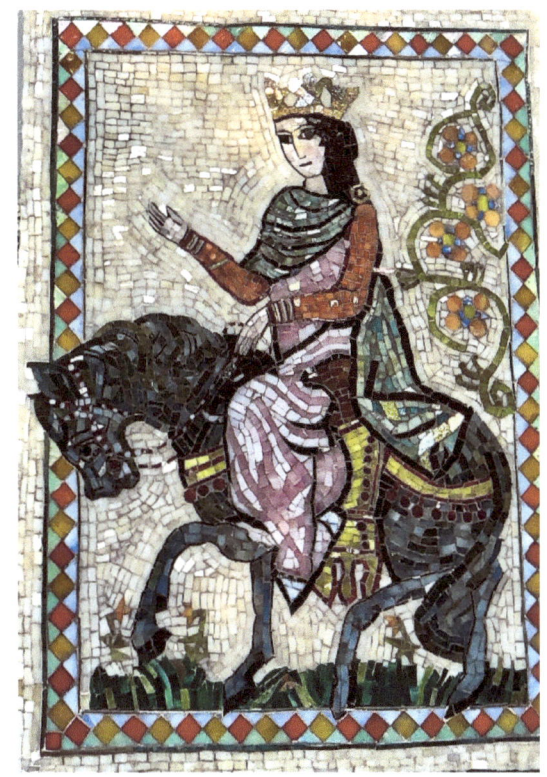

Stained glass

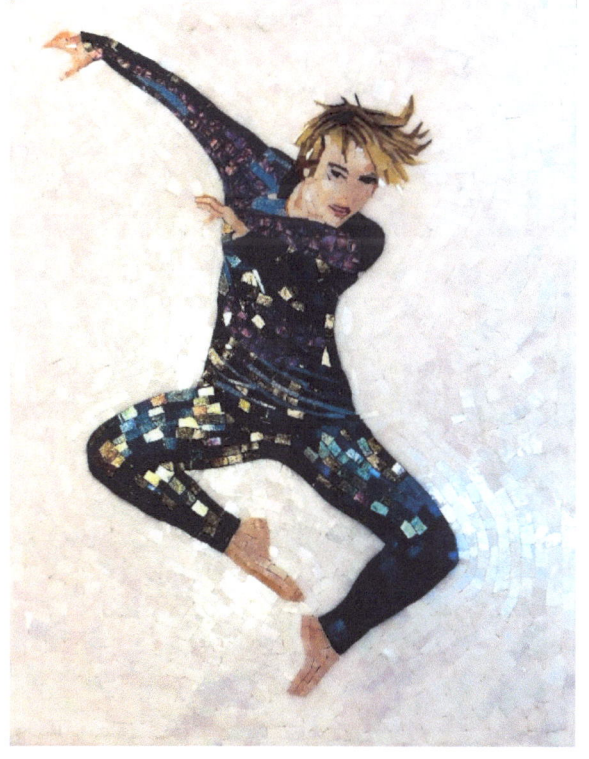

What is?

The direct method (most common):

This involves sticking tesserae straight onto the support.

Giandomenico Facchina (1826–1903) developed an invaluable technique: the indirect method.

The indirect method:

The front of the tesserae is placed on tracing paper or temporary support. The finished mosaic is then transferred into a bed of mortar. Finally, once the mortar has dried off, the paper or temporary support is removed to reveal the front of the mosaic.

The double-reverse method:

This involves the temporary placement of the tesserae on a bed of soft clay. Once the mosaic is completed, a piece of fabric is glued to its surface. The mosaic is then removed from the clay bed and inserted into the final support, which has been previously filled in with a layer of mortar. Finally, the fabric is peeled off to reveal the finished product. Using this method allows you to rectify any mistake, as the clay will stay soft for months.

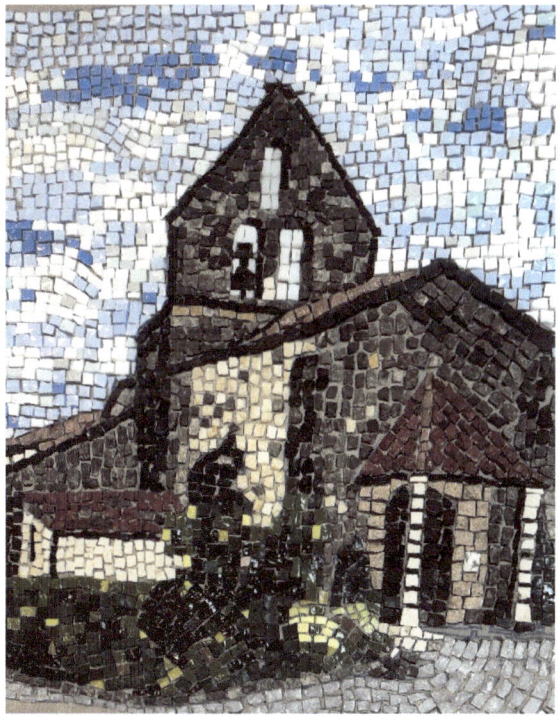

Marble and glass:

Using the double reverse method

Micro-mosaic:

The micro-mosaic method involves the use of tiny fragments of glass, enamel, or stones to create a landscape or themes of animals, flowers, and others. It is mainly used for jewelry but can also be used to cover boxes, cases, or metal art objects.

Photomosaic:

The photomosaic is a photo made of a multitude of images.

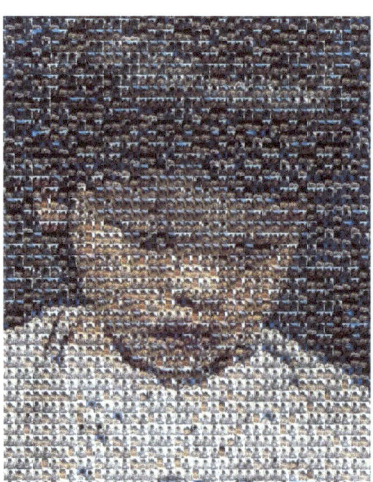 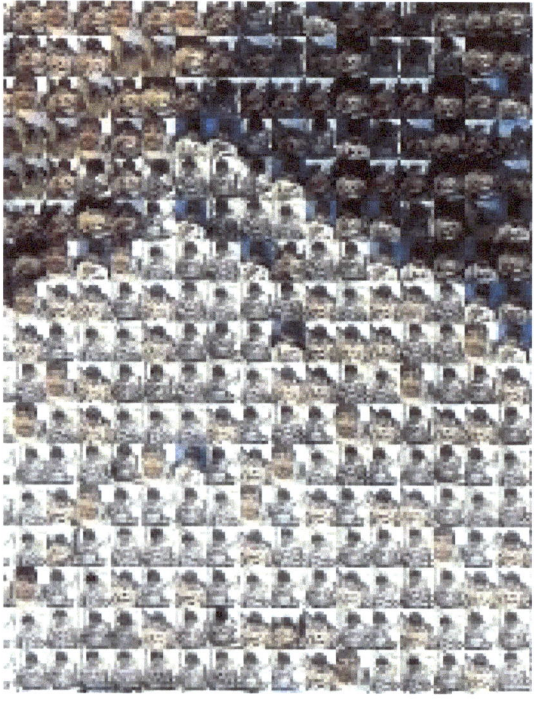

Epilogue

Mosaic is magic. It is also full of surprises and oh, so wise!

Mosaic will teach you many things, especially about who you are,

leading you to the discovery of your own personal style.

S. Bayliss

www.sylviebayliss.com

Sylvie@sylviebayliss.com

www.ingramcontent.com/pod-product-compliance
Lightning Source LLC
Chambersburg PA
CBHW051216220526
45473CB00003B/1061